AF377459

Édition : BoD · Books on Demand, 31 avenue Saint-Rémy, 57600 Forbach, bod@bod.fr
Impression : Libri Plureos GmbH, Friedensallee 273, 22763 Hamburg (Allemagne)

ISBN : 978-2-8106-2233-7
Dépôt légal : février 2025

Du même Auteur :

- La formation des aviateurs de la Royal Air Force et du Commonwealth 1934 - 1945. Histoire, programmes et matériels. ISBN 978-2322541973.

- Chasseurs de nuit et *Intruders* de la Royal Air Force contre la Luftwaffe : La première guerre électronique aérienne, 1939 - 1945. ISBN 978-2322540396.

- Notes à l'intention des Pilotes pour différents appareils de la Royal Air Force (voir liste en fin d'ouvrage).

Table des matières

AVERTISSEMENT

Ces Notes à l'intention des Pilotes ont bien évidement été traduites uniquement pour leur intérêt historique et ne doivent en aucun cas être employées pour le vol sur de vrais avions (pour les rares lecteurs qui ont la chance de posséder un Halifax, un Hamilcar ou autres Spitfire dans leur jardin !). Ces manuels étaient constamment tenus à jour et il a fallu choisir de traduire une version particulière qui n'est quasiment jamais la publication la plus récente. La version traduite est donc une sorte de "photographie" dans le temps. Souvent, le choix de la version a été imposé par le peu de documentation ayant survécu ou par l'histoire particulière d'un avion.

Par contre, l'usage de ces manuels avec des simulateurs de vol peut permettre de vérifier le réalisme des logiciels et apporter une nouvelle dimension à cette activité, par exemple en suivant strictement les procédures recommandées.

INTRODUCTION

Les lecteurs intéressés trouveront les conventions de traduction ainsi que l'histoire des manuels à l'intention des Pilotes dans **l'ouvrage de cette série consacré au Tiger Moth** [1] : la plupart des pilotes formés pendant la guerre ayant débuté sur cet avion, il a paru logique qu'il serve de base pour cette série de manuels.

Abréviations principales

AP : Air Publication (Publication *[du Ministère]* de l'Air britannique).
F : Fighter (version de chasse)
LF : Low *[altitude]* Fighter (version de chasse à basse altitude).
PN : Pilot's Notes (Notes à l'intention des Pilotes).
PR : Photographic Reconnaissance (version de reconnaissance photographique).
RAF : Royal Air Force.

Versions successives des Notes pour les Pilotes de Spitfire F.IX, P.R.XI & L.F.XVI

L'histoire des révisions de ces Notes à l'intention des Pilotes est intéressante car elle a bien suivi l'évolution rapide de la famille Spitfire. En résumé :

- **Août 1942** : première édition spécifique <u>à la version F. IX</u>, suivie de révisions.
- **Août 1943** : seconde édition spécifique <u>à la version F. IX</u>.
  - Mai 1944 : révision 1 incorporant <u>la version PR XI</u> (AP1565 J & Q). [2]
  - Septembre 1944 : révision 2 incorporant <u>la version LF XVI</u> (avec re-numérotation : AP1565 J, P & L ; la lettre Q a été affectée à la version PR. XIII). La présente traduction est basée sur cette édition, révisions 1 et 2.
- **Septembre 1946** : troisième édition détaillant <u>les versions F. IX, LF. IX, HF. IX, PR. XI et F. XVI</u>, y compris les différences de calibre des mitrailleuses (0,303 et 0,5 pouces suivant les modèles) (toujours AP1565 J, P & L).
- **Septembre 1949** : quatrième édition spécifique à <u>la version 16</u> (AP1565 L), la RAF ayant retiré les versions F. IX et PR XI du service actif, et utilisant désormais des chiffres arabes au lieu de chiffres romains pour les différentes versions de ses avions.

---

[1] *"Notes pour les Pilotes de Tiger Moth T. Mk. 2"*, ISBN : 978-2322561292.
[2] La version PR XI a été produite à partir de novembre 1942 : on voit qu'il fallait parfois un long délai pour mettre la documentation à jour.

Les débuts de la reconnaissance photographique de la RAF

La RAF a commencé la guerre sans véritable capacité de reconnaissance stratégique ni d'organisation d'interprétation photographique. Alors que pendant la Première Guerre Mondiale, le Royal Flying Corps pratiquait la reconnaissance photographique à grande échelle dans un but tactique, cette tâche avait été reprise avec peu d'enthousiasme par la RAF de l'entre-deux guerres en adaptant les bombardiers Bristol Blenheim et Fairey Battle pour qu'ils puissent emporter des appareils photographiques F.24. Les compétences nécessaires à l'interprétation des photographies étaient plus ou moins tombées dans l'oubli. Bien que souhaitant pratiquer le bombardement stratégique, la RAF avait négligé le fait qu'il lui faudrait obtenir des photographies des cibles pour préparer les missions et ensuite pour évaluer les dégâts infligés. Un Blenheim seul, même sans charge offensive, était bien incapable de pénétrer profondément en territoire ennemi faute d'une autonomie suffisante, sans même parler de survivre à une telle expérience.

C'est le Secret Intelligence Service ('MI6') qui a montré la voie de la reconnaissance photographique à la RAF, en lui forçant quelque peu la main. Avant-guerre, le MI6 avait financé un avion Lockheed 12A et Sydney Cotton, un aviateur australien, jouait le rôle d'un homme d'affaires qui cherchait des contrats en sillonnant l'Europe. Ce que les pays survolés (colonies italiennes en Afrique, Allemagne) ne savaient pas, c'est que l'avion emportait des appareils photographiques cachés. Les spécialistes de Cotton analysaient les clichés pris, notamment grâce à un traceur photogrammétrique Wild A5 acheté en Suisse qui permettait de restituer rapidement le tracé des courbes de niveau pour établir des cartes.

Finalement, à la déclaration de la guerre, la RAF a repris la compagnie de Cotton, en lui donnant le nom de code "No.2 Camouflage Unit" (puis "Photographic Reconnaissance Unit" (PRU)) et Cotton a pris le grade de Squadron Leader. Ayant peu l'âme d'un militaire, il est évincé en juin 1940, mais il a quand même eu le temps de convaincre la RAF d'utiliser des avions performants pour la reconnaissance photographique. Deux exemplaires du Spitfire Mk I (N3069 et N3071) sont cédés à contre-cœur par le Fighter Command en octobre 1939 à la petite unité de Cotton. Les mitrailleuses et la radio sont retirées et deux caméras F.24 de focale de 5 pouces (puis 8 pouces et plus) installées dans chaque avion. Ces appareils seront plus tard baptisés PR Mk IA. La première mission est réalisée à partir du terrain de Lille Seclin le 18 novembre 1939. Ces avions étaient peints en vert pâle et, plus tard, en bleu pâle ("PRU blue"). Ces versions "PR" (Photographic Reconnaissance") étaient donc désarmées et les pilotes ne pouvaient compter que sur leur camouflage, leur vitesse et leur altitude pour échapper aux chasseurs. Leur navigation devait être impeccable pour ramener les photos demandées, ce qui n'était pas une mince affaire dans un poste de pilotage étroit, à très haute altitude.

De multiples autres avions ont été ensuite convertis dans des versions "PR" pour la reconnaissance photographique, par exemple des P-51 Mustang ou des Mosquito. Le centre d'interprétation photographique de Wembley, puis de Medmenham dans le Buckinghamshire, a produit plus de 38.000 rapports durant la guerre.

NOTES POUR LES PILOTES DE
SPITFIRE F.IX, P.R.XI & L.F.XVI

Moteur MERLIN 61, 63, 66, 70 ou 266

RÉVISIONS

À mesure des besoins, des listes de révisions seront publiées.

Ces listes seront enduites de colle pour que l'on puisse les fixer à l'intérieur de la couverture du livre.

Chaque liste de révisions comprendra toutes les mises à jour récentes et, si nécessaire, des feuillets à coller aux endroits voulus dans le texte.

On devra certifier l'insertion d'une liste de révisions en inscrivant ci-dessous la date de l'entrée et les initiales de la personne ayant effectué cette mise à jour.

LISTE N°	INITIALES	DATE	LISTE N°	INITIALES	DATE
1	A. B.	Mai 1944	2	C. D.	Sept. 1944

NOTES POUR LES UTILISATEURS

Cette publication se divise en cinq parties : Description, Pilotage, Caractéristiques, Situations d'Urgence et Illustrations.

La première partie ne donne qu'une brève description des commandes avec lesquelles le pilote devra se familiariser.

Ces notes complètent la Publication "A.P.2095 - Notes générales pour les Pilotes" et supposent une parfaite connaissance de son contenu. Tous les pilotes devraient être en possession d'un exemplaire de la Publication A.P. 2095 (voir A.M.O. A93/43). [3]

Les mots en lettres capitales indiquent les marquages tels qu'ils existent sur les commandes correspondantes.

Des exemplaires supplémentaires peuvent être obtenus à l'A.P.F.S. *[Air Publications and Forms Store]*, Fulham Road, S.W.3, en portant sur le formulaire R.A.F. 294A, en double, le numéro de cette publication en toutes lettres : AP.1565 J, P & L - P.N.

Les commentaires et les suggestions devront être transmis par la voie hiérarchique au Ministère de l'Air. (D.T.F.).

---

[3] Ordre du Ministère de l'Air, catégorie "Administrative". Le Ministère avait une production prolifique d'ordres de ce type : 476 en 1938, et 1.205 en 1945 !

SPITFIRE F. IX

NOTES POUR LES PILOTES DE SPITFIRE F.IX, P.R.XI & L.F.XVI
(Seconde édition. Annule et remplace toutes les versions précédentes)
TABLE DES MATIÈRES

PRÉAMBULE AJOUTÉ PAR LA RÉVISION 1

SPITFIRE P.R.XI

INTRODUCTION

1.   Le Spitfire P.R. Mk. XI [4] est grosso-modo un avion de la version Mark IX motorisé par un Merlin 61, 63 ou 70 et qui ne diffère de cette dernière version que par ses circuits de carburant et d'huile et par l'équipement photographique spécial qui est emporté. Ce préambule décrit le circuit de carburant et son utilisation.

CIRCUITS DU CARBURANT ET DE L'HUILE

2.   **Réservoirs de carburant** : En plus des deux réservoirs principaux, un réservoir d'une capacité de 66 gallons *[Impériaux] (300 litres)* est installé dans le bord d'attaque de chaque aile, ce qui augmente le volume total de carburant à 217 gallons *[Impériaux] (987 litres)*.

3.   **Robinets du carburant** : Les robinets des réservoirs des ailes sont chacun manœuvrés à l'aide d'un levier correspondant du côté gauche du poste de pilotage.

4.   **Jauges de niveau** : Une jauge de carburant est installée pour chaque réservoir d'aile sur le côté correspondant du tableau de bord. Il y a également une jauge pour le réservoir principal supérieur, à côté de la jauge du réservoir principal inférieur.

5.   **Pompes de gavage** : Sur les avions récents, il y a une pompe de gavage électrique dans chacun des réservoirs d'aile et dans le réservoir principal inférieur. Chaque pompe de gavage est commandée par un interrupteur spécifique sur le côté droit du poste de pilotage. Ces trois interrupteurs sont en cours de remplacement par un unique commutateur de sélection qui garantit à tout moment qu'une seule pompe de gavage est en service.

---

[4] P.R. = Photographic Reconnaissance : avion dédié aux missions de reconnaissance photographique : aucun armement n'était emporté pour disposer de plus de carburant, la vitesse et l'altitude étant les seuls atouts assurant la protection lors de ces missions.

CIRCUIT D'HUILE

6.   **Réservoir d'huile :** Le réservoir d'huile a une capacité de 14,5 gallons *[Impériaux] (66 litres)*. À part cela, le circuit est identique *[à celui des avions de la version Mark IX]*.

UTILISATION DU CIRCUIT DE CARBURANT

7.   **La séquence suivante est recommandée :**

   (i) Effectuez le démarrage, la montée en température et le décollage sur les réservoirs principaux.

  (ii) Une fois une altitude de sécurité atteinte, basculez sur l'un des réservoirs d'aile.

 (iii) Volez alternativement sur chacun des réservoirs d'aile durant vingt minutes jusqu'à ce que la totalité du carburant de ces deux réservoirs ait été consommée. Ceci sera indiqué par le voyant d'alarme de pression *[basse]* du carburant. Repassez sur les réservoirs principaux.

 (iv) La procédure suivante doit être utilisée à chaque changement des réservoirs :

> En premier, arrêtez la pompe de gavage du réservoir en cours d'utilisation, puis ouvrez le robinet du réservoir suivant dans la séquence.
>
> Mettez alors en service la pompe de gavage de ce nouveau réservoir et fermez (OFF) le robinet du réservoir qui était utilisé jusqu'alors.
>
> NOTE :   Il est important, lorsque des interrupteurs séparés sont présents, qu'il n'y ait pas plus d'une seule pompe de gavage en service à la fois, car la demande est trop importante pour le générateur et une panne électrique peut survenir. En manœuvrant les robinets des réservoirs des ailes toutes les vingt minutes, la possibilité qu'ils se bloquent à haute altitude par givrage est réduite.

Ière PARTIE – DESCRIPTION

NOTE : Les chiffres cités entre parenthèses dans le texte après les équipements renvoient aux chiffres de la légende des illustrations de la Partie V.

INTRODUCTION

1.	Le Spitfire F. Mk. IX [5] est motorisé par un Merlin 61 ou 63, avec un compresseur à deux étages et à deux vitesses. Le Spitfire LF. Mk. IX est motorisé par un Merlin 66 qui donne une meilleure performance aux basses altitudes. Le Spitfire HF. Mk. IX est motorisé par un Merlin 70 qui donne une performance améliorée aux altitudes élevées. Le Spitfire LF. Mk. XVI est motorisé par un Merlin 266. [6]
Les Merlin 61 et 63 ont des carburateurs S.U., [7] alors que les Merlin 66 et 70 ont des carburateurs Bendix-Stromberg. Tous ces avions sont équipés d'une hélice quadripale Rotol 35°. [8] Les commandes de pilotage, y compris celles pour le train d'atterrissage, les volets hypersustentateurs et les freins, sont identiques à celles installées sur les versions précédentes.

CIRCUITS CARBURANT, HUILE ET LIQUIDE DE REFROIDISSEMENT

2.	**Réservoirs de carburant** (<u>se reporter</u> à la Figure 4) : Le carburant est emporté dans deux réservoirs montés l'un au-dessus de l'autre (celui du bas ayant un revêtement auto-obturant) en avant du poste de pilotage. Le réservoir supérieur alimente celui du bas et le carburant est envoyé au carburateur, via un filtre, par une pompe entraînée par le moteur. Pour les Merlin 61 et 63, un échangeur de refroidissement du carburant est installé. Les carburateurs Bendix-Stromberg comportent un désaérateur qui permet d'extraire l'air dissout dans le

---

[5]	F pour "Fighter" (chasseur) ; LF pour "Low altitude Fighter" (chasseur à basse altitude) ; HF pour "High altitude Fighter" (chasseur à haute altitude).

[6]	Le Merlin 266 est la version du Merlin 66 fabriquée sous licence aux USA par Packard Motor Company.

[7]	Fabriqués par la S.U. Carburetter Company Limited (S.U. = Skinner-Union).

[8]	Ce type d'hélice produit par Rotol (Rolls-Royce / Bristol), adopté au début de la guerre, est dit "à vitesse constante". Le calage de l'hélice varie automatiquement pour tirer le meilleur de la puissance délivrée par le moteur. Ce système de régulation garde la vitesse du moteur et de l'hélice constante, à la valeur sélectionnée par le pilote, en modifiant le pas des pales de l'hélice, indépendamment du réglage de la manette des gaz. Ceci réduit la charge de travail du pilote et assure un fonctionnement sans à-coups notamment lors d'un piqué.

carburant et de l'évacuer par un évent au sommet du réservoir supérieur. [9]

Les capacités des réservoirs principaux sont les suivantes :
    Réservoir supérieur   ..   .. 48 gallons *[Impériaux] (218 litres)*
    Réservoir inférieur   ..   .. <u>37 gallons *[Impériaux] (168 litres)*</u>
                                            85 gallons *[Impériaux] (386 litres)*

Un réservoir auxiliaire largable d'une capacité de 30, 90 ou 170 gallons *[Impériaux] (136, 409 ou 773 litres)* peut être installé sous le fuselage, et sur certains avions un second réservoir auxiliaire d'une capacité de 26 gallons *[Impériaux] (118 litres)* est placé dans le fuselage arrière pour être utilisé avec le réservoir de 170 gallons *[Impériaux] (773 litres)* lors de vols de convoyage. En prévision de la possibilité d'un arrêt du moteur à cause de la vaporisation du carburant par temps chaud aux altitudes élevées, les réservoirs principaux peuvent être mis sous pression (dispositif opérationnel au-dessus de 20.000 pieds *(6.100 m)*). Toutefois, cette mise sous pression compromet les propriétés auto-obturantes des réservoirs, [10] et il ne faut donc l'utiliser que lorsque le voyant d'alarme de pression *[basse]* s'allume.

3. **Robinets du carburant** : La commande du robinet pour les réservoirs principaux est un levier (47) placé sous les boutons-poussoir de démarrage du moteur. La commande de mise sous pression des réservoirs (50) est sous le côté droit du tableau de bord. La commande du robinet (58) et le levier de largage (59) pour le réservoir auxiliaire largable sont montés groupés sur le côté droit du poste de pilotage, sous la commande du train d'atterrissage. Ce levier de largage doit être tiré vers le haut pour libérer le réservoir largable, mais il ne peut pas être utilisé tant que la commande du robinet n'est pas déplacée en avant sur la position fermée (marquée OFF). Le robinet du réservoir du fuselage arrière (lorsqu'il est installé) se trouve sur la gauche du siège.

4. **Pompes du carburant** : Pour les circuits comportant un carburateur Stromberg, une pompe électrique de gavage, commandée par un interrupteur sur le côté gauche du poste de pilotage, est installée dans le réservoir principal inférieur. Cette pompe facilite le démarrage du moteur et le rétablissement *[des performances]* du moteur en situation de combat, et il faut donc la laisser en marche durant le vol. Sur les premiers avions produits, cette pompe n'est pas présente, mais une pompe va-et-vient manuelle est installée à la place, juste en avant du boîtier déporté du transmetteur radio automatique. [11]

---

[9] Ces carburateurs à injection permettent le vol sous 'g' négatifs, contrairement aux carburateurs S.U.. g = unité de mesure de l'accélération.

[10] L'emploi du pluriel dans le document original est curieux puisque seul le réservoir inférieur avait un revêtement auto-obturant.

[11] Le système de localisation, surnommé "pip-squeak" dans l'argot des pilotes, a été mis en place car les premiers radars britanniques ne permettaient pas de localiser les avions au-dessus des terres ou à basse altitude. Placé sur quelques avions clés (typiquement les

5. **Jauges de niveau et voyant d'alarme de pression** : La jauge de niveau (19) sur le tableau de bord mesure le contenu du réservoir principal inférieur lorsque le bouton-poussoir placé à proximité est enfoncé. Le voyant d'alarme de pression du carburant (18), qui est mis en service par l'interrupteur (34) placé en avant de la manette des gaz, s'allume lorsque la pression tombe à 6 lb./sq.in. [12] *(0,4 bars)* (10 lb./sq.in. *(0,7 bars)* pour les circuits comportant un carburateur Stromberg).

6. **Circuit d'huile** : Le réservoir d'huile, installé sous le bâti moteur, a une capacité de 7,5 gallons *[Impériaux] (34 litres)* et est mis sous pression *[par de l'air comprimé]* à 2,5 lb./sq.in. *(170 mbar)*. L'huile passe par un filtre avant d'arriver au moteur. Un radiateur d'huile est installé dans l'intrados de l'aile gauche et un manomètre (20) et un thermomètre (17) sont montés sur le tableau de bord. Lorsqu'un réservoir auxiliaire de carburant d'une capacité de 170 gallons *[Impériaux] (773 litres)* est emporté, il est nécessaire d'installer un réservoir d'huile de plus grande capacité (8,5 ou 14,5 gallons *[Impériaux] (39 ou 66 litres)*).

7. **Circuit du liquide de refroidissement** : Le circuit est régulé par un thermostat. Les radiateurs placés sous les ailes sont contournés tant que le liquide de refroidissement n'a pas atteint une certaine température. L'accumulateur est monté au-dessus du carter du réducteur et il dispose d'une soupape de sécurité. Les volets des radiateurs sont complètement automatisés et sont réglés pour s'ouvrir lorsque la température du liquide de refroidissement atteint 115°C. Un bouton-poussoir est placé sur le panneau des commandes électriques pour les essais au sol, et un thermomètre (16) se trouve sur le tableau de bord.

8. **Circuit de l'échangeur thermique intermédiaire (intercooler)** : Les hautes températures qui sont générées par l'emploi d'un compresseur à deux étages obligent à installer un échangeur thermique (intercooler) entre la sortie du compresseur et les collecteurs d'admission, en particulier lorsque le rapport S est utilisé. [13] Une pompe auxiliaire soutire du liquide de refroidissement d'un accumulateur indépendant jusqu'à un radiateur sous l'aile droite, et de là l'envoie refroidir le carter du compresseur puis dans l'intercooler, ce qui permet de faire baisser la température du mélange air-carburant par échange

---

chefs de section), il transmettait automatiquement un signal radio pendant 14 secondes toutes les minutes. Trois stations au sol relevaient la direction du signal et la position de l'avion était ensuite déterminée par triangulation. Le système était composé d'une horloge "maître" derrière le pilote, et d'un boîtier déporté accessible par le pilote. Quatre avions au plus pouvaient être ainsi localisés avec une seule fréquence.

[12] Unité de pression britannique : "livres par pouce carré", laissée ici sous l'abréviation anglaise comme dans les documents traduits à l'époque en français. La valeur convertie en bars a été ajoutée.

[13] Vitesse des compresseurs : Rapport S (ou FS) = Vitesse Haute (Full Speed - HIGH gear); rapport M (ou MS, ou MOD) = Vitesse basse (Moderate Speed - LOW gear).

thermique. Sur les premiers avions produits, un interrupteur thermostatique dans la conduite d'admission est relié au vérin de réglage du compresseur pour le faire passer sur le rapport M lorsque la température du mélange air-carburant devient excessive. Ce changement de rapport est indiqué au pilote par un bouton-poussoir, sur le tableau de bord, qui sort de sa position normale sous l'action d'un ressort. Le compresseur reviendra au rapport S une fois que la température du mélange air-carburant est redescendue à la normale et que le bouton-poussoir a été enfoncé. Toutefois, si la température reste excessive de façon permanente en raison d'une panne du circuit de l'intercooler, le bouton-poussoir continuera à sortir de sa position normale et le vol devra être poursuivi sur le rapport M.

SYSTÈMES PRINCIPAUX

9. **Circuit hydraulique** : L'huile *[du circuit hydraulique]* est emportée dans un réservoir monté sur la cloison pare-feu : elle passe par un filtre avant la pompe entraînée par le moteur pour faire fonctionner le train d'atterrissage.

10. **Circuit électrique** : Un générateur 12 volts alimente une batterie qui fournit à son tour l'énergie à l'ensemble du circuit électrique. Un voltmètre (10), connecté aux pôles de la batterie, est monté en haut du tableau de bord et un voyant rouge (40) marqué POWER FAILURE, [14] sur le panneau des commandes électriques, s'allume lorsque le générateur ne délivre pas de courant à la batterie.

    Note : Si le circuit électrique tombe en panne ou est endommagé, le compresseur restera bloqué sur le rapport M et les volets des radiateurs resteront fermés.

11. **Circuit pneumatique** : Un compresseur d'air entraîné par le moteur alimente deux cylindres de stockage d'air permettant le fonctionnement des volets hypersustentateurs, des volets des radiateurs, du vérin du compresseur, des freins et des armes de bord. Chaque cylindre contient l'air sous une pression de 300 lb./sq.in. *(21 bars)*.

    Note : Si le circuit pneumatique tombe en panne, le compresseur restera bloqué sur le rapport M, mais la position des volets des radiateurs dépendra de la nature de la panne.

---

[14] Pour correspondre aux illustrations, le texte n'a pas été traduit ci-dessus : POWER FAILURE = Panne du générateur.

COMMANDES DE PILOTAGE

12. **Commandes des surfaces de compensation** : Les compensateurs de la profondeur sont réglés à l'aide d'un volant (30) sur le côté gauche du poste de pilotage, l'indicateur (24) se trouvant sur le tableau de bord. Le compensateur de la direction est contrôlé par un petit volant (27) et il n'y a pas d'indicateur. L'avion a tendance à virer vers la droite lorsque ce volant est tourné dans le sens des aiguilles d'une montre.

13. **Commande du train d'atterrissage** : Le levier sélecteur du train d'atterrissage (52) se déplace sur un support en quart de cercle, comportant des logements, installé sur le côté droit du poste de pilotage. Lorsque le levier a été poussé ou tiré à fond le long du support, un dispositif automatique le repousse dans le logement correspondant lorsque le mouvement du train d'atterrissage est terminé. Un indicateur de la vanne hydraulique sur le support montre DOWN, IDLE ou UP [15] en fonction de la position de la vanne hydraulique. Les indications UP et DOWN ne devraient normalement être visibles que lorsque le levier sélecteur est manœuvré pour rétracter ou abaisser le train d'atterrissage. L'indication IDLE est visible lorsque le levier est revenu dans un logement après la rétraction ou la descente du train d'atterrissage. Si l'indication DOWN est visible alors que le moteur est à l'arrêt, elle devrait disparaître et être remplacée par IDLE une fois qu'il a été démarré.

    Pour rétracter le train d'atterrissage : Le levier est poussé vers l'avant, mais il faut d'abord le tirer en arrière puis de côté pour le dégager du logement. Une fois le train d'atterrissage rétracté et verrouillé, le levier sera enclenché dans le logement avant.

    Pour abaisser le train d'atterrissage : Le levier est tiré vers l'arrière, mais il faut d'abord le pousser en avant puis de côté pour le dégager du logement. Une fois le train d'atterrissage abaissé et verrouillé, le levier sera enclenché dans le logement arrière.

14. **Indicateurs de position du train d'atterrissage**
    (a) Indicateur électrique visuel : L'indicateur électrique visuel (2) est composé de deux fenêtres semi-transparentes sur lesquelles sont inscrits les mots UP sur fond rouge et DOWN sur fond vert. Ces mots s'allument en fonction de la position du train d'atterrissage. L'interrupteur (34) du circuit DOWN est fermé (ON) par une biellette reliée à la manette des gaz lorsque cette dernière est ouverte.
    (b) Indicateurs mécaniques de position : Une tige-témoin traversant l'extrados de l'aile est montée sur chaque atterrisseur principal. Lorsque les atterrisseurs sont abaissés, les tiges-témoins dépassent de l'extrados des ailes, alors que lorsque les atterrisseurs sont rétractés, le sommet peint en rouge des tiges-témoins affleure à la surface des ailes.

---

[15] DOWN = Position basse ; UP = Position haute ; IDLE = Circuit hydraulique en attente.

15. **Klaxon avertisseur du train d'atterrissage** : [16] Le klaxon avertisseur retentit quand la manette des gaz est presque fermée et que le train d'atterrissage n'est pas abaissé. Il ne peut pas être réduit au silence tant que la manette des gaz n'est pas à nouveau ouverte ou que le train d'atterrissage n'est pas abaissé.

16. **Commande des volets hypersustentateurs** : Les volets hypersustentateurs d'intrados n'ont que deux positions : relevés et complètement abaissés. Ils sont commandés par un petit levier (5) sur le tableau de bord.

17. **Freins des roues** : Le levier de freinage est monté sur la poignée à deux mains du manche à balai et un loquet placé sous le pivot de ce levier permet de le bloquer pour servir de frein de parc. Un manomètre triple (25) sur le tableau de bord montre la pression disponible dans les cylindres du circuit pneumatique, ainsi que la pression de fonctionnement de chacun des freins des roues.

18. **Entretoises de blocage des commandes de vol** : [17] Deux entretoises sont rangées sur le côté droit du poste de pilotage, en arrière du siège. La plus grande avec le bras qui y est attaché bloque le manche à balai sur le siège et sur le longeron de référence de droite. La plus courte, reliée à l'autre entretoise par un câble, bloque les pédales du palonnier. Les commandes doivent être bloquées avec le siège réglé sur sa position la plus haute.

COMMANDES DU MOTEUR

19. **Manette des gaz** : La manette des gaz (33) a une butée pour la position de décollage. Une molette (31) sur le côté du bloc manettes permet de régler le serrage *[pour éviter le mouvement de la manette des gaz sous l'influence des vibrations]*. La régulation du mélange est automatique et il n'y a pas de levier à disposition du Pilote pour ce réglage.

20. **Commande de l'hélice** : Le levier de commande de la vitesse de l'hélice [18] (35) sur le bloc manettes a un débattement qui permet de régler le point de consigne du régulateur de vitesse constante entre 3.000 et 1.800 tr/min. Une molette (46) sur le côté du bloc manettes permet de régler le serrage *[pour éviter le mouvement de ce levier sous l'influence des vibrations]*.

---

[16] Suite à de nombreux accidents causés par l'oubli du pilote de descendre le train d'atterrissage avant de se poser, les constructeurs ont équipé leurs avions d'un klaxon avertisseur se déclenchant lorsque le train est en position haute et que la manette des gaz est positionnée à une puissance réduite.

[17] Les gouvernes sont bloquées au sol pour éviter que le vent ne les fasse bouger de façon anarchique.

[18] Le terme de "commande de vitesse de l'hélice" est une traduction littérale du texte original : la commande permet de régler un point de consigne pour la vitesse de rotation du moteur, et le régulateur adapte le pas de l'hélice en fonction de cette vitesse et des conditions de vol.

21. **Commandes du compresseur** : Le compresseur à deux étages et à deux vitesses passe automatiquement sur le rapport S à une altitude d'environ 21.000 pieds *(6.400 m)* (14.000 pieds *(4.270 m)* pour les avions dotés de Merlin 66 *[et 266]*) lors de la montée. En descente, il revient automatiquement sur le rapport M à environ 19.000 pieds *(5.800 m)* (12.500 pieds *(3.810 m)* pour les avions dotés de Merlin 66 *[et 266]*). Un interrupteur de forçage monté sur le tableau de bord permet d'imposer l'utilisation du rapport M quelle que soit l'altitude. Un bouton-poussoir (42) sur le panneau des commandes électriques permet, au sol, de tester le mécanisme de changement de rapport. Un voyant rouge (13) sur le tableau de bord s'allume lorsque le rapport S est enclenché, au sol ou en vol.

22. **Protection de l'intercooler** : Sur les premiers avions produits, le bouton-poussoir (15) sur le tableau de bord sort de son logement lorsque la température du mélange air-carburant devient excessive et le compresseur passe automatiquement sur le rapport M. Il peut être remis en position normale en l'enfonçant et il restera en place pour permettre au compresseur de repasser sur le rapport S lorsque la température du mélange air-carburant reviendra à la normale.

23. **Commande des volets d'entrée d'air des radiateurs** : Le bouton-poussoir (41) sur le panneau des commandes électriques permet de tester les volets d'entrée d'air des radiateurs.

24. **Commande de l'étouffoir du ralenti** (moteurs Merlin 61 et 63) : [19] La commande sur le carburateur est activée en tirant sur l'anneau (37) sous le côté gauche du tableau de bord.

25. **Commande de l'étouffoir du ralenti** (moteurs Merlin 66, *[266]* et 70) : La vanne d'étouffoir du ralenti sur les carburateurs Stromberg est manœuvrée en déplaçant le petit levier sur le bloc manettes au-delà de la butée jusqu'à la position complètement en arrière. Sur les premières installations des carburateurs Stromberg, ce levier n'est pas présent mais la vanne d'étouffoir du ralenti est activée à l'aide de l'anneau (37) comme pour les avions à moteurs Merlin 61 et 63.

26. **Pompe d'amorçage des cylindres** : Une pompe manuelle (48) est installée sous le côté droit du tableau de bord pour amorcer le moteur.

27. **Commutateurs de l'allumage et boutons du démarreur** : Les commutateurs de l'allumage (1) sont montés sur le côté gauche du tableau de bord. Les boutons-poussoir de la bobine de démarrage (22) et du démarreur du moteur (21) sont placés tout en bas du tableau de bord. Chaque bouton-poussoir est couvert par une garde de protection.

---

[19] L'étouffoir du ralenti permet de couper l'arrivée d'essence du gicleur de ralenti dans le carburateur pour arrêter le moteur : arrêter l'allumage ne suffirait pas puisque le mélange continuerait à être mis à feu lors de la compression par la température élevée des cylindres. Cette commande ferme donc l'orifice du gicleur qui alimente le moteur en carburant même quand la manette des gaz est fermée pour le régime de marche au ralenti.

28. **Démarrage sur batterie externe** : La prise pour connecter une batterie de démarrage externe est placée sur le bâti moteur du côté droit.

AUTRES COMMANDES

29. **Porte du poste de pilotage** : La porte du poste de pilotage dispose d'un verrou à deux positions permettant de l'ouvrir partiellement et d'empêcher ainsi la verrière de se refermer en coulissant durant le décollage et l'atterrissage, et en cas d'atterrissage forcé. On constatera que ce verrouillage fonctionne plus facilement lorsque l'avion est en vol qu'au sol.

30. **Dispositif de signalisation pyrotechnique** : [20] Le dispositif pour se faire reconnaître, monté au sommet du fuselage arrière, tire une des six fusées de signalisation lorsque la poignée (39) sur la gauche du siège du Pilote est tirée vers le haut. Sur certains avions, une commande de présélection (38) est placée au-dessus de la poignée de mise à feu. [21]

30A. **Prise d'air du carburateur** : Sur les avions tropicalisés, la prise d'air normale (position marquée OPEN du levier de commande) n'est pas équipée de filtre. Elle doit être utilisée en permanence, à l'exception des phases de démarrage, de décollage et d'atterrissage sur des aérodromes sablonneux ou poussiéreux, ou lors de vol dans une tempête de sable, auxquels cas la position marquée CLOSED doit être utilisée. Le volet d'obturation dans la conduite dévie alors l'air vers le haut dans le compartiment moteur où il passe ensuite par l'élément filtrant et là à la conduite d'admission au carburateur.

---

[20] Les équipements pour "se faire reconnaître" sont : des fusées de couleurs différentes, ainsi que des lampes spécifiques de trois couleurs (vert, rouge et orange), qui permettaient de montrer les couleurs du jour à d'autres avions afin d'éviter des tirs fratricides (décision du 24 septembre 1940 pour remplacer les lampes bleues de vol en formation). La RAF qualifie ces équipements de matériels de "reconnaissance" ou "resin lights", à ne pas confondre avec les lampes "d'identification".

[21] Le présélecteur permet de faire tourner le barillet d'une fusée à chaque activation de la poignée, sans mettre à feu la fusée, jusqu'à ce que la fusée de la couleur souhaitée soit face au canon.

IIème **PARTIE - PILOTAGE**

31. **Utilisation du circuit du carburant** (pour les avions P.R. XI, se reporter au Préambule)

    (i) <u>Restrictions de pilotage</u> :

    (a) Lors de l'emport d'un réservoir largable de 90 gallons *[Impériaux] (409 litres)*, l'avion est limité à un "pilotage calme" (<u>se reporter à</u> l'A.P. 2095, Première Partie, Chapitre A, Paragraphe 3) jusqu'à ce que ce réservoir soit largué.

    NOTE : Cette restriction ne s'applique pas pour l'emport d'un réservoir largable de 30 gallons *[Impériaux] (136 litres)*.

    (b) Lors de vols de convoyage, avec emport (a) d'un réservoir largable de 170 gallons *[Impériaux] (773 litres)*, ou (b) d'un réservoir largable de 170 gallons *[Impériaux] (773 litres)* et du réservoir du fuselage arrière de 26 gallons *[Impériaux] (118 litres)*, l'avion est limité à un pilotage calme jusqu'à ce que le réservoir de 170 gallons *[Impériaux] (773 litres)* soit largué et que le réservoir de 26 gallons *[Impériaux] (118 litres)* soit vide.

    (c) Les réservoirs largables ne doivent être libérés qu'en vol rectiligne en palier, et uniquement lorsque cela est absolument nécessaire.

    (ii) <u>Utilisation des réservoirs</u> :

    (d) Effectuez le démarrage, la montée en température et le décollage sur les réservoirs principaux, puis changez sur le réservoir largable à une altitude de sécurité (disons 2.000 pieds *(600 m)*). Isolez (OFF) les réservoirs principaux.

    (e) Lorsque le moteur présente des signes que le réservoir largable est vide, isolez (OFF) ce dernier et ouvrez (ON) le réservoir du fuselage arrière (s'il est installé) ou les réservoirs principaux. Si la distance franchissable maximale est souhaitée, ou en cas d'autres circonstances particulières, larguez le réservoir ventral.

    (f) À aucun moment le robinet du réservoir largable et le robinet du réservoir du fuselage arrière ne doivent être ouverts (ON) simultanément : sinon, le carburant du réservoir du fuselage arrière sera perdu puisque la canalisation du réservoir du fuselage arrière rejoint celle du réservoir largable sous le clapet de non-retour. Cette précaution s'applique que le réservoir largable ait été libéré ou pas.

    (g) Pour les avions avec un carburateur Stromberg (moteurs Merlin 66, 70 et 266), puisque le circuit de carburant met plus de temps à se rétablir après que la pompe entraînée par le moteur soit tombée à sec, il est recommandé que les réservoirs principaux soient ouverts et que le réservoir largable soit isolé avant que ce dernier ne soit complètement vide, en se basant sur une estimation du temps. S'il est essentiel d'utiliser tout le carburant du réservoir largable, procédez de la façon suivante :

   (i) Il ne doit tomber à sec qu'à une altitude de sécurité.

  (ii) Le robinet du réservoir largable doit être fermé (OFF) immédiatement et le robinet des réservoirs principaux doit ensuite être ouvert (ON).

 (iii) La pompe de gavage doit être en marche. Si l'avion ne dispose pas de pompe de gavage, la pompe va-et-vient manuelle doit être manœuvrée jusqu'à ce que le moteur fonctionne de façon satisfaisante sur les réservoirs principaux.

Faire tourner le moteur en moulinet [22] à une vitesse de rotation élevée aidera le moteur à repartir.

(h) Si un réservoir doit être largué avant qu'il ne soit vide, ouvrez d'abord les réservoirs principaux puis fermez le *[robinet du]* réservoir largable. Basculez ensuite sur le réservoir du fuselage arrière (s'il est installé) à votre convenance.

NOTE : Il est nécessaire de s'assurer que le robinet du réservoir largable est bien sur la position fermée (OFF) lorsque le réservoir est vide ou largué : sinon, de l'air pourrait être aspiré dans le circuit principal du carburant, et si le réservoir du fuselage arrière est installé, son carburant sera perdu.

32. Préliminaires

   (i) Vérifiez le contenu des réservoirs de carburant. Si un (ou des) réservoir(s) auxiliaire(s) sont installés, vérifiez que le(s) robinet(s) correspondant(s) est (sont) fermé(s) (OFF).

  (ii) Assurez-vous que le levier sélecteur du train d'atterrissage est abaissé ; mettez l'indicateur sous tension et vérifiez que les lettres DOWN s'allument en vert.

 (iii) Testez le bon fonctionnement des commandes de pilotage.

 (iv) De façon à éviter l'endommagement de l'hélice, le sol immédiatement sous sa position doit être vierge de toute petite pierre ou détritus avant le démarrage du moteur.

33. Mise en route du moteur et montée en température - version F. Mk IX (moteurs Merlin 61 et 63)

   (i) Ouvrez (ON) le robinet du carburant.

  (ii) Positionnez les commandes comme suit :

Manette des gaz ..	.. ½ pouce *(1,25 cm)* ouverte
Commande de l'hélice	.. Complètement en avant.

---

[22] Mise en rotation du moteur sous l'action de l'hélice qui est elle-même en auto-rotation sous la pression du vent relatif.

Prise d'air du carburateur .. Comme nécessaire (<u>se reporter</u> <u>au</u> Paragraphe 30A).

(iii) Si une connexion pour un amorçage externe est installée, du carburant à haute volatilité (référence Magasins 34A/111) doit être utilisé pour l'amorçage à des températures inférieures à 0°C. Manœuvrez la pompe d'amorçage Ki-gass jusqu'à ce que le carburant arrive aux gicleurs d'amorçage : ceci est marqué par une augmentation soudaine de la résistance *[du piston de la pompe d'amorçage]*.

(iv) Alimentez les magnétos et enfoncez les boutons du démarreur et de la bobine de démarrage. La période de lancement ne doit pas dépasser 20 secondes, avec une pause de 30 secondes entre chaque tentative. Activez la pompe d'amorçage aussi vite et vigoureusement que possible pendant que le moteur est lancé : il devrait démarrer après le nombre suivant de coups de pompe s'il était froid :

Température extérieure en °C	+30	+20	+10	0	-10	-20
Carburant normal	3	4	7	12		
Carburant à haute volatilité				4	8	18

(v) Aux températures inférieures à 0°C, il sera probablement nécessaire de poursuivre l'amorçage après que le moteur ait commencé à tourner seul et jusqu'à ce qu'il réussisse à s'alimenter à partir du carburateur.

(vi) Relâchez le bouton du démarreur dès que le moteur démarre, et dès qu'il tourne régulièrement relâchez le bouton de la bobine de démarrage et revissez la pompe d'amorçage.

(vii) Ouvrez lentement la manette des gaz jusqu'à 1.000 tr/min puis laissez le moteur monter en température à cette vitesse de rotation.

34. **Mise en route du moteur et montée en température** - versions LF. et HF. Mk IX. (moteurs Merlin 66, *[266]* et 70)

(i) Ouvrez (ON) le robinet du carburant.

(ii) Positionnez les commandes comme suit :

    Manette des gaz .. .. ½ pouce (1,25 cm) ouverte
    Commande de l'hélice .. Complètement en avant.

(iii) Si une connexion pour un amorçage externe est installée, du carburant à haute volatilité (référence Magasins 34A/111) doit être utilisé pour l'amorçage à des températures inférieures à 0°C. Manœuvrez la pompe d'amorçage Ki-gass jusqu'à ce que le carburant arrive aux gicleurs d'amorçage : ceci est marqué par une augmentation soudaine de la résistance *[du piston de la pompe d'amorçage]* et donnez le nombre suivant de coups de pompe si le moteur était froid :

Température extérieure en °C	+30	+20	+10	0	-10	-20
Carburant normal	3	4	7	12		
Carburant à haute volatilité				4	8	18

(iv) Déplacez la commande de l'étouffoir du ralenti sur la position complètement en arrière (fermée) et mettez la pompe de gavage en service (ou manœuvrez la pompe va-et-vient) jusqu'à ce que le voyant d'alarme de pression *[basse du carburant]* s'éteigne.

 Note : Quand la vanne de l'étouffoir du ralenti est manœuvrée en tirant l'anneau, ce dernier doit être conservé en tension jusqu'à ce que le moteur démarre. Ni la pompe de gavage ni la pompe va-et-vient ne doivent être mises en service à moins que cette vanne ne soit fermée ou que le moteur ne soit en marche. La pompe va-et-vient peut être encore utilisée, si nécessaire, après que le moteur ait démarré et que la commande de l'étouffoir du ralenti ait été déplacée vers l'avant (ou l'anneau relâché).

(v) Alimentez les magnétos et enfoncez les boutons du démarreur et de la bobine de démarrage.

(vi) Relâchez le bouton du démarreur dès que le moteur démarre, et déplacez la commande de l'étouffoir du ralenti vers l'avant (ou relâchez l'anneau s'il a été utilisé). Relâchez le bouton de la bobine de démarrage et revissez la pompe d'amorçage dès que le moteur tourne de façon satisfaisante.

 Note : Si le moteur montre des signes de noyage et ne parvient pas à démarrer, activez la commande de l'étouffoir du ralenti et arrêtez la pompe de gavage ou arrêtez de manœuvrer la pompe va-et-vient pendant que le moteur est purgé en le faisant tourner sur deux ou trois tours complets.

(vii) Ouvrez lentement la manette des gaz jusqu'à 1.000 tr/min puis laissez le moteur monter en température à cette vitesse de rotation.

35.   Vérification du moteur et des systèmes

<u>Pendant la montée en température du moteur</u> :

(i) Vérifiez les températures et les pressions.

(ii) Enfoncez le bouton-poussoir de test des radiateurs et demandez à l'équipe au sol de confirmer l'ouverture des volets d'entrée d'air.

<u>Après la montée en température, avec trois hommes sur l'empennage et un sur le saumon de l'aile droite</u> :

(iii) Ouvrez la manette des gaz jusqu'à une pression d'admission de +4 lb./sq.in. *(+276 mbar)*. Manœuvrez et vérifiez le bon fonctionnement du compresseur à deux vitesses en activant le bouton-poussoir de test. Les tr/min doivent baisser lorsque le rapport S est enclenché et le voyant rouge doit s'allumer.

(iv) À une pression d'admission de +4 lb./sq.in. *(+276 mbar)*, manœuvrez et vérifiez le bon fonctionnement *[du régulateur]* de vitesse constante de l'hélice. Les tr/min doivent baisser à 1.800 lorsque la commande est complètement en arrière.

(v) Avec la commande de l'hélice complètement en avant, ouvrez la manette des gaz jusqu'à la butée et vérifiez la pression et les tr/min statiques de décollage (normalement 3.000 tr/min à la pression d'admission de décollage).

(vi) Ramenez la manette des gaz à une pression d'admission de +9 lb./sq.in. *(+621 mbar)* et testez chaque magnéto à tour de rôle ; la baisse ne doit pas excéder 150 tr/min.

(vii) Avant de rouler au sol, vérifiez la pression de freinage (80 lb./sq.in. *(5,5 bars)*) et la pression disponible dans les cylindres d'air comprimé (220 lb./sq.in. *(15 bars)*).

36. **Checklist avant le décollage** [23]

T = Trimming Tabs = Commandes des compensateurs Profondeur :	½ division à piquer.
Direction :	Complètement à droite.
P = Propeller control = Commande d'hélice :	Complètement en avant.
F = Fuel = Carburant	Vérifiez le contenu du réservoir principal inférieur.
Robinet du réservoir largable :	Fermé (OFF).
Robinet de mise sous pression :	Fermé (OFF).
Pompe de gavage (si installée) :	En marche.
Robinet du réservoir du fuselage arrière (si installé) :	Fermé (OFF).
F = Flaps = Volets hypersustentateurs	Relevés.
Compresseur	Voyant rouge éteint.
Interrupteur de forçage :	Sur AUTO.
Prise d'air du carburateur	Comme nécessaire (<u>se reporter au</u> Paragraphe 30A).

37. **Décollage**

(i) Ouvrez la manette des gaz doucement, jusqu'à la butée si une pression d'admission de +12 lb./sq.in. *(+827 mbar)* est nécessaire ; +7 lb./sq.in. *(+483 mbar)* étant suffisant pour un décollage normal.

(ii) Toute tendance à virer d'un côté peut être contrée par l'emploi de la gouverne de direction.

(iii) Après avoir rétracté le train d'atterrissage, vérifiez que l'indicateur rouge UP s'allume. Il peut s'avérer nécessaire de maintenir le levier à fond en avant contre le support jusqu'à ce que l'indicateur s'allume. Le non-verrouillage des atterrisseurs principaux en position haute peut compromettre le débit d'air des radiateurs d'huile et de liquide de refroidissement et générer des températures excessives.

---

[23] Les points essentiels des check-lists étaient présentés sous la forme de raccourcis mnémotechniques que les pilotes devaient apprendre par cœur et qui variaient peu d'un avion à l'autre : ici TPFF, pour le Halifax II ou V : TPFF, pour le Dakota I, III & IV : TMPFF.

(iv) Ne commencez pas à prendre de l'altitude avant d'avoir atteint une vitesse de 140 m.p.h. [24] *(225 km/h)* au badin.

38. **Montée**

(i) La vitesse recommandée pour le taux maximal de montée est de 160 m.p.h. *(257 km/h)* au badin du niveau de la mer jusqu'à 26.000 pieds *(7.925 m)*.
Le ratio du réducteur *[d'hélice]* de certains moteurs Merlin 61 est de 42:1, et *[la vitesse recommandée pour]* leur taux maximal de montée est de 180 m.p.h. *(290 km/h)* au badin du niveau de la mer jusqu'à 15.000 pieds *(4.570 m)*.

(ii) Le robinet de mise sous pression des réservoirs de carburant doit normalement être gardé fermé (OFF), mais il faut l'ouvrir (ON) si le voyant de pression du carburant s'allume (ceci indique que la pression est tombée à 5 - 6 lb./sq.in. *(0,3 - 0,4 bars)* (10 lb./sq.in. *(0,7 bars)* pour les carburateurs Stromberg)).

39. **Vol général**

(i) <u>Stabilité</u> : L'avion est plus stable longitudinalement que sur les versions précédentes.

(ii) <u>Changements d'assiette</u> :

	<u>Tendance</u>
Train d'atterrissage abaissé	.. À piquer
Volets hypersustentateurs abaissés ..	.. À piquer

(iii) <u>Pour le vol par mauvaise visibilité à proximité du sol</u>, les volets hypersustentateurs doivent être abaissés et l'hélice réglée pour obtenir 2.650 tr/min. La vitesse peut être réduite à 130 m.p.h. *(209 km/h)* au badin.

40. **Perte de vitesse - décrochage**

Les vitesses de décrochage (au badin), sans utiliser la puissance du moteur, sont les suivantes avec une masse totale en charge de 7.445 livres *(3.377 kg)* :

Volets hypersustentateurs et train d'atterrissage	m.p.h.	*km/h*
Rétractés	86	*138*
Abaissés	76	*122*

41. **Vrille**

(i) Les vrilles sont autorisées mais la perte d'altitude nécessaire pour la récupération peut être très grande et les limites suivantes doivent être respectées :
(a) Les vrilles ne doivent pas être débutées en-dessous de 10.000 pieds *(3.050 m)*.

---

[24] Unité de vitesse britannique : "milles terrestres par heure", laissée ici sous l'abréviation anglaise comme dans les documents traduits à l'époque en français. La valeur convertie km/h a été ajoutée lors de la traduction.

(b) Les actions de récupération doivent être commencées avant d'avoir complété deux tours. [25]

(ii) Il faut atteindre une vitesse d'au moins de 150 m.p.h. *(241 km/h)* au badin avant d'entamer la ressource pour sortir du piqué qui suit la vrille.

(iii) La vrille n'est pas autorisée lorsqu'une bombe ou un réservoir largable est emporté.

42. **Piqué**

(i) L'avion subit un couple cabreur de plus en plus important et il faut tourner le volant des compensateurs de la profondeur à piquer pour réduire la poussée nécessaire *[sur le manche à balai]*.

(ii) Une tendance à virer vers la droite doit être corrigée en utilisant le compensateur de la direction.

(iii) Lorsqu'une bombe est emportée, l'angle de piqué ne doit pas dépasser 40°.

43. **Voltige aérienne**

(i) Les vitesses au badin suivantes sont recommandées :

Boucle	280-300 m.p.h.	*(450-483 km/h)*
Tonneaux	220-260 m.p.h.	*(354-418 km/h)*
Immelmann	320-350 m.p.h.	*(515-563 km/h)*
Tonneau en montée ..	330-380 m.p.h.	*(531-612 km/h)*

(ii) Les manœuvres déclenchées ne sont pas autorisées.

44. **Check-list avant l'atterrissage**

(i) Réduisez la vitesse à 160 m.p.h. *(257 km/h)* au badin et ouvrez la verrière.

U = Undercarriage = Train d'atterrissage	Abaissé.
P = Propeller control = Commande d'hélice :	Complètement en avant.
Compresseur	Voyant rouge éteint.
F = Flaps = Volets hypersustentateurs	Abaissés.
Prise d'air du carburateur	Comme nécessaire (<u>se reporter au</u> Paragraphe 30A).

(ii) Vérifiez la pression de freinage (80 lb./sq.in. *(5,5 bars)*) et la pression disponible dans les cylindres d'air comprimé (220 lb./sq.in. *(15 bars)*).

---

[25] Les techniques de sortie de vrille sont décrites en détail dans l'Air Publication 129 *"RAF Flying Training"*, chapitre III *"General Principles of Flying"*, paragraphes 191 à 209 (impression de décembre 1939).

45. **Approche et atterrissage**

(i) Vitesses d'approche, à pleine charge, au badin : m.p.h. *(km/h)*

	Volets hypersustentateurs	
Approche	abaissés	relevés
Au moteur	95 *(177)*	105 *(193)*
En vol plané	105 *(193)*	110 *(177)*

NOTE : Dans tous les cas, la vitesse peut être réduite de 5 m.p.h. *(8 km/h)* lorsque les munitions des canons ou une quantité considérable de carburant ont été consommées.

(ii) Pour abaisser le train d'atterrissage, maintenez le levier complètement en avant durant environ deux secondes. Ceci enlèvera la pression des goupilles de verrouillage et leur permettra de tourner librement quand le levier sera tiré vers l'arrière. Le levier peut ensuite être tiré fermement en arrière sur la position DOWN et laissé là.

Il NE FAUT PAS le pousser à la main dans le logement : dès que le train d'atterrissage est verrouillé en position basse, le levier est repoussé automatiquement par un ressort dans le logement et l'indicateur de la vanne hydraulique doit revenir à IDLE. S'il ne peut pas être tiré complètement en arrière, maintenez-le à nouveau complètement en avant durant au moins deux secondes. S'il se coince, il peut généralement être libéré par un bon coup de la main. Si ceci ne fonctionne pas, il faut soulager les goupilles de verrouillage de la masse des atterrisseurs, soit en mettant soudainement l'avion en piqué, soit en passant l'avion sur le dos. Le levier peut alors être tiré complètement en arrière.

(iii) Si le voyant indicateur vert ne s'allume pas, maintenez le levier en arrière durant une seconde. Si ceci ne fonctionne pas, rétractez le train d'atterrissage et recommencez la manœuvre d'abaissement. En cas d'échec, utilisez le <u>système de secours</u> (voir à la Partie IV).

NOTE : Avant que le système de secours ne puisse être utilisé, le levier de commande doit être sur la position DOWN. Il peut s'avérer nécessaire de mettre soudainement l'avion en piqué ou de passer l'avion sur le dos pour parvenir à placer le levier sur la position DOWN.

(iv) Si le train d'atterrissage est abaissé trop tard durant l'approche, avec une puissance moteur insuffisante pour obtenir la pleine pression hydraulique, le levier de sélection peut ne pas revenir automatiquement de la position complètement en arrière au logement, ce qui indique que la manœuvre n'est pas terminée. Ceci peut entraîner l'effacement des atterrisseurs à l'atterrissage. (Comme mentionné précédemment, le levier NE DOIT PAS être poussé à la main dans le logement). Il est donc recommandé d'abaisser le train d'atterrissage assez tôt lors du circuit avant l'atterrissage, et non pas durant les derniers moments de l'approche.

(v) L'avion a tendance à adopter une attitude "nez plongeant" au sol :
il faut donc utiliser les freins avec précaution lors de l'atterrissage.

46. Atterrissage manqué
(i) Rétractez le train d'atterrissage.
(ii) Montez à environ 130 m.p.h. *(209 km/h)* au badin avec les volets
hypersustentateurs complètement abaissés.
(iii) Remontez les volets hypersustentateurs à une altitude de sécurité
d'environ 200-300 pieds *(60 - 90 m)*.
(iv) Ajustez les compensateurs.

47. Après l'atterrissage
(i) Relevez les volets hypersustentateurs avant de rouler au sol.
(ii) Pour arrêter le moteur, laissez-le tourner au ralenti à 800-900
tr/min, puis tirez l'étouffoir du ralenti et gardez-le en tension
jusqu'à ce que le moteur s'arrête. Avec les moteurs dotés de
carburateurs Stromberg, la commande de l'étouffoir du ralenti doit
être déplacée complètement en arrière (ou tirée et maintenue)
jusqu'à ce que le moteur s'arrête.
(iii) Fermez (OFF) le robinet du carburant et coupez l'allumage.
(iv) <u>Dilution d'huile</u> : (<u>se reporter à</u> l'A.P.2095) [26]
La période correcte de dilution d'huile pour cet avion est de :
Température atmosphérique supérieure à -10°C : 1 minute.
Température atmosphérique inférieure à -10°C : 2 minutes.

48. Approche radioguidée
(i) Les vitesses au badin, les vitesses de rotation du moteur et les
réglages des volets hypersustentateurs suivants sont
recommandés :

	Pour conserver l'altitude		
	Manœuvre initiale	Manœuvre avec train abaissé	Approche finale
Vitesse en m.p.h. *(km/h)*	180 *(290)*	160 *(257)*	120 *(193)*
Volets hypersustentateurs	relevés	relevés	abaissés
Tr/min	2.650	2.650	*[commande d'hélice]* complètement en avant

(ii) Pour les ajustements des compensateurs, se reporter au
Paragraphe 39 (ii).
(iii) Effectuez l'approche à 900 pieds *(275 m)* *[d'altitude]* au-dessus de
la balise lointaine, puis réduisez à 200 pieds *(60 m)* au-dessus de
la balise proche.

---

[26] L'huile est diluée avec du carburant afin de faciliter le démarrage le jour suivant.

IIIème PARTIE
CARACTÉRISTIQUES DE FONCTIONNEMENT

49. Caractéristiques du moteur – Merlin 61, 63, 66, 70 et 266

(i) <u>Carburant</u> : essence à indice d'octane 100 uniquement.

(ii) <u>Huile</u> : Voir l'A.P. 1464/C.37.

(iii) <u>Limites de fonctionnement du moteur</u> :

	£	tr/min	Pression d'admission en lb./sq.in. (mbar)	Température en °C	
				Liquide de refroidis.	Huile
DÉCOLLAGE MAX. jusqu'à 1.000 pieds (300 m)	M	3.000	+12 (+827)	135	-
MONTÉE MAX. CONTINUE Limite 1 heure	M S	2.850	+12 (+827)	125	90
MAX. CONTINU *	M S	2.650	+7 (+483)	105 †	90
RÉGIME DE COMBAT Limite 5 minutes	M S	3.000	+15 (+1.034) **	135	105

£ : rapport des compresseurs.

* Pour la croisière économique, se reporter au Paragraphe 53(ii).

** +18 lb./sq.in. *(1.241 mbar)* pour les moteurs Merlin 63, 66, 70 *[et 266]*.

† Une température de 115°C est autorisée pour de courtes durées.

<u>PRESSION D'HUILE</u> :

    NORMALE ..   .. 60 - 80 lb./sq.in. *(4,1 - 5,5 bars)*

    MINIMALE ..   .. 45 lb./sq.in. *(3,1 bars)*

<u>TEMPÉRATURE MINIMALE POUR LE DÉCOLLAGE</u> :

    HUILE   ..   .. 15°C

    LIQUIDE DE REFROIDISSEMENT .. 60°C

<u>PRESSION DU CARBURANT</u> :

    Merlin 61 et 63   .. 8 - 10 lb./sq.in. *(0,5 - 0,7 bars)*

    Merlin 66, 70 *[et 266]*.. 14 - 16 lb./sq.in. *(1 - 1,1 bars)*

50. Conditions limites de vol

(i) <u>Vitesses maximales au badin</u> :

	m.p.h.	km/h
Piqué	450	724
Train d'atterrissage abaissé	160	257
Volets hypersustentateurs abaissés	160	257

(ii) <u>Restrictions</u> :
   (a) Lorsqu'une bombe est emportée, la mise en vrille n'est pas autorisée et les manœuvres violentes doivent être évitées. L'angle de piqué ne doit pas dépasser 40°.
   (b) Pour les limites d'utilisation lorsqu'un réservoir largable est emporté, on se reportera au paragraphe 31.

51. Correction des erreurs de position

De	120	150	170	210	240	290	mph au badin
à	150	170	210	240	290	350	mph au badin
Ajoutez	4	2	0	-	-	-	m.p.h.
Soustrayez	-	-	0	2	4	6	m.p.h.

Tableau ci-dessus converti en unités métriques :

De	193	241	274	338	386	467	km/h au badin
à	241	274	338	386	467	563	km/h au badin
Ajoutez	6,4	3,2	0	-	-	-	km/h
Soustrayez	-	-	0	3,2	6,4	10	km/h

52. Performance maximale

<u>Montée</u> :
(i) Les vitesses au badin pour le taux maximal de montée sont :
160 m.p.h. *(257 km/h)* du niveau de la mer à 26.000 pieds *(7.925 m)*.
150 m.p.h. *(241 km/h)* de 26.000 à 30.000 pieds *(7.925 à 9.145 m)*.
140 m.p.h. *(225 km/h)* de 30.000 à 33.000 pieds *(9.145 à 10.060 m)*.
130 m.p.h. *(209 km/h)* de 33.000 à 37.000 pieds *(10.060 à 11.280 m)*.
120 m.p.h. *(193 km/h)* de 37.000 à 40.000 pieds *(11.280 à 12.200 m)*.
110 m.p.h. *(177 km/h)* au-dessus de 40.000 pieds *(12.200 m)*.
(ii) Pour les premiers moteurs Merlin 61 avec un ratio du réducteur d'hélice de 42:1, les vitesses au badin pour le taux maximal de montée sont :
180 m.p.h. *(290 km/h)* du niveau de la mer à 15.000 pieds *(4.570 m)*.
170 m.p.h. *(274 km/h)* de 15.000 à 20.000 pieds *(4.570 à 6.100 m)*.
160 m.p.h. *(257 km/h)* de 20.000 à 30.000 pieds *(6.100 à 9.145 m)*.
150 m.p.h. *(241 km/h)* de 30.000 à 37.000 pieds *(9.145 à 11.280 m)*.
140 m.p.h. *(225 km/h)* au-dessus de 37.000 pieds *(11.280 m)*.

53. Vol économique

(i) <u>Montée</u> : Pour l'économie maximale du carburant, prenez de l'altitude à une pression d'admission de +7 lb./sq.in. *(+483 mbar)* et 2.650 tr/min aux vitesses de taux maximal de montée. La montée jusqu'à une altitude de 30.000 pieds *(9.145 m)* peut toutefois être effectuée à une pression d'admission de +12 lb./sq.in. *(+827 mbar)* et 2.850 tr/min sans augmenter sérieusement la consommation totale de carburant par rapport à celle obtenue avec une montée à une pression d'admission de +7 lb./sq.in. *(+483 mbar)* et 2.650 tr/min.

(ii) <u>Croisière</u> : La distance franchissable la plus grande sera obtenue aux altitudes moyennes. Les vitesses recommandées sont les suivantes :

(a) <u>Sans réservoirs auxiliaires, ou avec un réservoir auxiliaire largable de 30 gallons *[Impériaux] (136 litres)*</u> :
170 m.p.h. *(274 km/h)* au badin. À faible altitude, cette vitesse doit être augmentée à 180 m.p.h. *(290 km/h)* au badin.

(b) <u>Avec un réservoir auxiliaire largable de 90 gallons *[Impériaux] (409 litres)*</u> :
175 m.p.h. *(282 km/h)* au badin. À faible altitude, 180 m.p.h. *(290 km/h)* au badin.

(c) <u>Avec un réservoir auxiliaire largable de 170 gallons *[Impériaux] (773 litres)*</u> :

(i) <u>Tant que le réservoir largable de 170 gallons *[Impériaux] (773 litres)* est présent</u> :
185 m.p.h. *(298 km/h)* au badin au début du vol en palier, puis en réduisant au fur et à mesure de la consommation du carburant jusqu'à 170 m.p.h. *(274 km/h)* au badin lorsque le réservoir largable est vide. En réduisant les tr/min de 50 à la fin de chaque heure, la vitesse indiquée au badin sera réduite approximativement de la valeur correcte.

(ii) <u>Une fois que le réservoir largable de 170 gallons *[Impériaux] (773 litres)* a été libéré et pendant que l'on soutire le carburant du réservoir du fuselage arrière</u> :
170 m.p.h. *(274 km/h)* au badin quand le réservoir du fuselage arrière est plein, en réduisant au fur et à mesure de la consommation du carburant jusqu'à 160 m.p.h. *(274 km/h)* au badin lorsqu'il est vide.
Volez à la pression d'admission maximale qu'il est possible d'atteindre sans dépasser +4 lb./sq.in. *(+276 mbar)* et réduisez les tr/min qui peuvent être abaissés jusqu'à 1.800 si cela permet d'obtenir la vitesse recommandée, mais assurez-vous que le générateur charge *[la batterie]*. Si à 1.800 tr/min la vitesse est plus élevée que celle qui est recommandée, réduisez la pression d'admission.

54. **Capacités et consommation de carburant**

(i) <u>Capacité normale en carburant</u> :

Réservoir supérieur	..	..48 gallons *[Impériaux] (218 litres)*
Réservoir inférieur	..	..<u>37 gallons *[Impériaux] (168 litres)*</u>
Total	..	..**85 gallons** *[Impériaux] (386 litres)*

(ii) <u>Capacité en carburant pour les vols à grande distance</u> :

En gallons *[Impériaux] (litres)*

<u>Avec un réservoir largable de</u>	**Capacité totale**
30 *(136)*	115 *(523)*
90 *(409)*	175 *(796)*
170 *(773)*	255 *(1.159)*
170 + réservoir de fuselage arrière de 26 gallons *(118 l.)*	281 *(1.277)*

(iii) <u>Consommations de carburant</u> :

Les consommations approximatives de carburant pour les moteurs Merlin 61 et 63 sont les suivantes, en gallons Impériaux *(litres)* par heure :

<u>Sur mélange pauvre</u> (comme obtenu à une pression d'admission de +7 lb./sq.in. *(+483 mbar)* ou moins) :

Pression d'admission en lb./sq.in. *(mbar)*	Tr/min				
	2.650	2.400	2.200	2.000	1.800
+7 *(+483)*	80 *(364)*	-	-	-	-
+4 *(+276)*	71 *(323)*	66 *(300)*	61 *(277)*	54 *(245)*	-
+2 *(+138)*	66 *(300)*	61 *(277)*	57 *(259)*	50 *(227)*	43 *(195)*
0	60 *(273)*	55 *(250)*	51 *(232)*	45 *(204)*	39 *(177)*
-2 *(-138)*	53 *(241)*	49 *(223)*	45 *(204)*	40 *(182)*	35 *(159)*
-4 *(-276)*	45 *(205)*	42 *(191)*	38 *(173)*	34 *(155)*	30 *(136)*

<u>Sur mélange riche</u> (comme obtenu à une pression d'admission supérieure à +7 lb./sq.in. *(+483 mbar)*) :

Pression d'admission en lb./sq.in. *(mbar)*	tr/min	gallons *[Impériaux]* par heure	*litres par heure*
+15 *(+1.034)*	3.000	130	*591*
+12 *(+827)*	2.850	105	*477*

NOTE : Les données de consommation pour les moteurs Merlin 66, 70 *[et 266]* ne sont pas disponibles pour l'instant et seront insérées plus tard. [27]

---

[27] La troisième édition de ces Notes à l'intention des Pilotes de 1946 ne modifie pas les deux tableaux de consommation, mais indique que *"ces valeurs approximatives sont valables pour toutes les versions du moteur"* et que *"des données plus précises en fonction de l'altitude et du rapport du compresseur ne sont pas disponibles"*.

IVème PARTIE

SITUATIONS D'URGENCE

55. **Opération de secours du train d'atterrissage :**
En cas de panne du circuit hydraulique, assurez-vous que le levier sélecteur du train d'atterrissage est sur la position DOWN (ceci est essentiel) et poussez le levier de descente de secours vers l'avant et vers le bas. Le déplacement angulaire de ce levier de secours est d'environ 100° pour percer l'opercule du cylindre [de CO_2] puis libérer le tube plongeur. Le levier doit être poussé sur tout ce déplacement et doit être laissé brinquebalant en position basse : <u>aucune tentative ne doit être faite de le ramener à son emplacement d'origine tant que le cylindre n'a pas été remplacé.</u>

56. **Largage de la verrière**
La verrière peut être larguée en cas d'urgence en tirant la poignée caoutchoutée sous le haut de la verrière dans un mouvement vers l'avant et vers le bas, et en poussant la bordure inférieure de la verrière vers l'extérieur avec les coudes. Un pied de biche (26) pour les cas d'urgence est rangé à l'intérieur de la porte.

57. **Trousse de premiers secours**
La trousse de premiers secours est rangée en arrière du matériel radio et est accessible par une trappe articulée sur le côté gauche du fuselage.

58. **Atterrissage forcé**
Dans le cas où un atterrissage forcé s'impose, la descente peut être considérablement allongée en déplaçant la commande de vitesse de l'hélice complètement en arrière et en effectuant un vol plané à environ 130 m.p.h. *(209 km/h)*. La verrière du poste de pilotage doit être ouverte et la porte bloquée au verrou.

59. **Amerrissage** [28] (se reporter à l'A.P.2095 *"Notes Générales pour les Pilotes"*)

(i) En général, le Pilote doit, si possible, abandonner l'avion en parachute.

(ii) Cependant, si l'amerrissage est inévitable, le réservoir largable auxiliaire (si emporté) doit être libéré, mais seulement en vol rectiligne et en palier, et la procédure suivante doit être respectée :

(a) La verrière doit être larguée.

(b) Les volets hypersustentateurs doivent être abaissés de façon à réduire autant que possible la vitesse d'impact.

(c) Le train d'atterrissage doit être rétracté.

(d) Si possible, le moteur doit être utilisé pour aider à effectuer le touché dans une attitude cabrée à la vitesse la plus faible possible.

(e) Amerrissez le long du sommet de la houle ou au sommet des vagues.

(f) Le harnais de sécurité doit être conservé, avec les sangles ou les autres dispositifs de réglage serrés, afin d'éviter des blessures au pilote lorsque l'avion touche la surface de l'eau.

60. **Panne du circuit pneumatique**

(a) Si l'on ne parvient pas à abaisser les volets hypersustentateurs alors que la commande a été déplacée sur la position DOWN, il est probable que cela soit dû à une fuite d'une canalisation, causant une perte totale de la pression d'air et également une panne des freins.

(b) Alternativement, si une fuite est apparue au niveau du diaphragme de la commande des volets hypersustentateurs, ces derniers vont s'abaisser mais une perte totale de la pression d'air surviendra et les freins deviendront également inopérants.

(Dans ce cas, un sifflement pourra être entendu dans le poste de pilotage après avoir déplacé la commande sur la position DOWN).

(c) Dans les deux cas, la commande des volets hypersustentateurs doit immédiatement être ramenée sur la position UP de façon à permettre à la pression d'augmenter à nouveau, afin que l'atterrissage puisse être réalisé avec des freins fonctionnels, mais sans les volets hypersustentateurs.

NOTE : Par sécurité, les Pilotes doivent toujours vérifier la pression disponible dans les cylindres du circuit pneumatique après avoir sélectionné la position DOWN pour les volets hypersustentateurs.

---

[28] Les Britanniques, puis les Américains, avaient procédé à de nombreux essais d'amerrissage de modèles réduits de leurs principaux avions pour déterminer les meilleures techniques d'approche et ainsi conseiller au mieux les pilotes. Les rapports d'incidents (lorsqu'il y avait des survivants) étaient également analysés avec soin.

Tableau de bord

FIG. 1

LÉGENDE DE LA FIGURE 1

1. Commutateurs de l'allumage	15. Bouton-poussoir de protection du compresseur
2. Indicateur du train d'atterrissage	16. Thermomètre du radiateur *[du liquide de refroidissement]*
3. Détendeur d'oxygène	17. Thermomètre de l'huile
4. Interrupteur des feux de navigation	18. Voyant d'alarme de pression du carburant
5. Commande des volets hypersustentateurs	19. Jauge du carburant avec son bouton-poussoir
6. Panneau des instruments de vol sans visibilité [29]	20. Manomètre du circuit d'huile
7. Anneau pour soulever le filtre solaire du viseur	21. Bouton-poussoir du démarreur du moteur
8. Interrupteur du collimateur à réflexion [30]	22. Bouton-poussoir de la bobine de démarrage
9. Support du collimateur à réflexion	23. Interrupteurs pour les lampes d'éclairage du poste de pilotage
10. Voltmètre	24. Indicateur des compensateurs de la profondeur
11. Commande pour l'aération du poste de pilotage	25. Manomètre triple du circuit des freins
12. Compte-tours du moteur	
13. Voyant d'alarme du compresseur	
14. Manomètre de l'admission	

LÉGENDE DE LA FIGURE 2

26. Pied de biche	38. Présélecteur du dispositif de signalisation pyrotechnique
27. Volant du compensateur de direction	39. Poignée d'activation du dispositif de signalisation pyrotechnique
28. Interrupteur du réchauffage de la sonde Pitot	40. Voyant d'alarme du générateur
29. Levier du verrou à deux positions de la porte	41. Bouton-poussoir de test au sol des radiateurs *[du liquide de refroidissement]*
30. Volant des compensateurs de la profondeur	42. Bouton-poussoir de test au sol du compresseur
31. Molette de blocage par serrage de la manette des gaz	43. Bouton-poussoir de dilution de l'huile
32. Lampe d'éclairage de l'habitacle	44. Casier à cartes
33. Manette des gaz	45. Molette en étoile de réglage pour la pédale du palonnier
34. Coupe-circuit principal de l'indicateur du train d'atterrissage	46. Molette de blocage par serrage de la commande d'hélice
35. Commande de vitesse de l'hélice	47. Commande du robinet du carburant
36. Commande à distance T.R.1133 [31]	
37. Commande de l'étouffoir du ralenti	

---

[29] *Voir page 38.*

[30] Ce type de viseur n'était pas gyrostabilisé et ne donnait aucune correction pour le tir en déflexion. Les premiers viseurs gyroscopiques n'ont été introduits dans les escadrilles de la RAF qu'en 1944 avec le Gyro Gunsight Mk II (après une tentative ratée en 1941 du Gyro Gunsight Mk I).

[31] Le T.R.1133 est composé de l'émetteur T.1136, du récepteur R.1137 et d'un amplificateur A.1135.

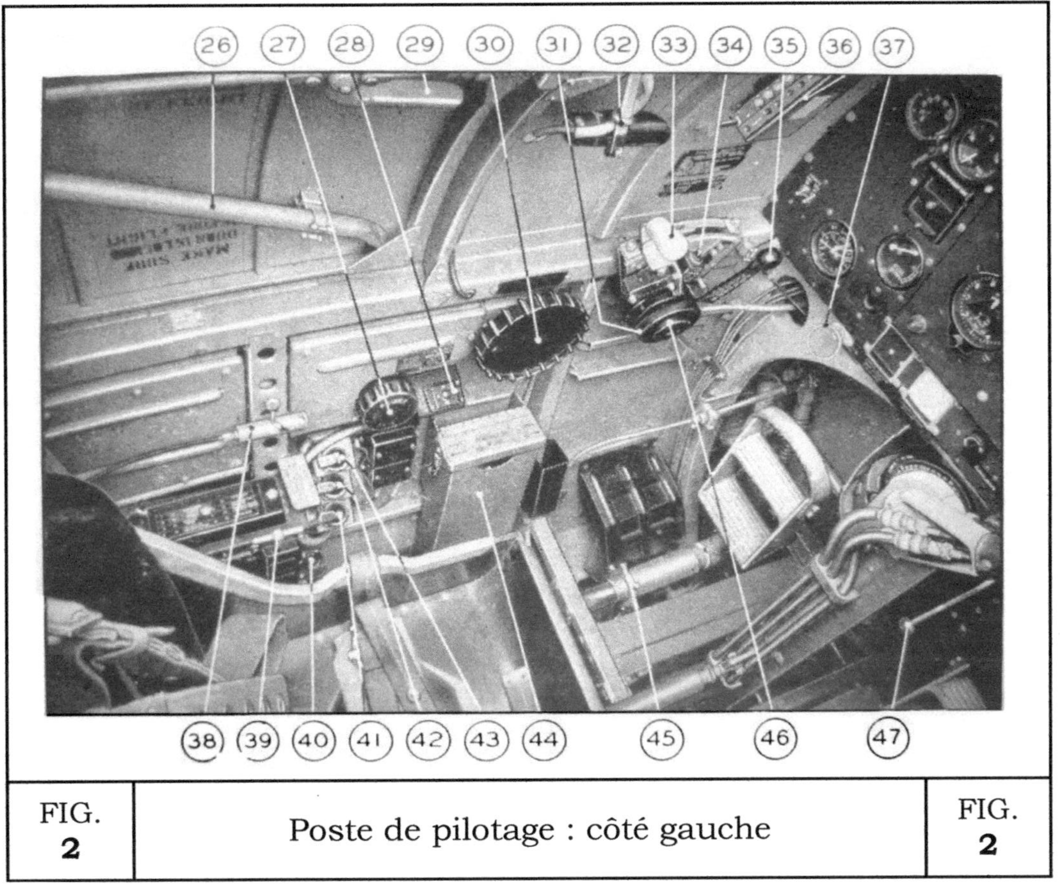

Poste de pilotage : côté gauche

FIG.
2

LÉGENDE DE LA FIGURE 3

48. Pompe d'amorçage du moteur
49. Boitier de signalisation
50. Robinet de mise sous pression des réservoirs de carburant
51. Coupe-circuit et boîtier déporté du transmetteur radio automatique
52. Levier de commande du train d'atterrissage
53. Boutons-poussoir de l'IFF [32]
54. Levier permettant de relâcher la tension du harnais [33]
55. Coupe-circuit principal de l'IFF
56. Commande de secours de descente du train d'atterrissage
57. Molette en étoile de réglage pour la pédale du palonnier
58. Commande du robinet du réservoir largable de carburant
59. Levier de libération du réservoir largable de carburant
60. Robinet de dégivrage du pare-brise
61. Levier de réglage du siège
62. Vanne pointeau de dégivrage du pare-brise
63. Pompe de dégivrage du pare-brise
64. Prise pour les écouteurs/microphone
65. Robinet d'arrivée d'oxygène

[28] La RAF a adopté en 1937 un panneau standardisé pour les six instruments de base pour le vol sans visibilité. Les instruments étaient placés sur deux rangées, toujours dans le même ordre, et les élèves pilotes étaient formés à les parcourir du regard de façon ordonnée et systématique. De gauche à droite et de haut en bas : badin, horizon artificiel, variomètre, altimètre, conservateur de cap et indicateur de virage et de dérapage.

---

[32] Le transpondeur IFF (Identification Friend or Foe) est un petit transmetteur qui donne une forme caractéristique à l'écho d'un avion ami sur l'écran radar. Les interrupteurs d'urgence mettent à feu une petite charge explosive pour détruire le transpondeur et éviter qu'il ne tombe aux mains de l'ennemi. Cette charge était mise en place par les artificiers juste avant le vol, et enlevée dès l'atterrissage.

[33] Ce type de harnais (dit "harnais Sutton") était standard sur tous les avions de la RAF de construction britannique. Il était composé de deux sangles d'épaules découplées en un double "Y" et reliées à la fois à un point d'ancrage derrière le bas du siège et par un câble à un point d'amarrage plus en arrière dans le fuselage (ou à un tambour à ressort derrière le siège sur les avions multiplaces). La tension du câble était réglable pour donner plus ou moins de liberté au Pilote. Les sangles d'épaule se connectaient à deux sangles ventrales.

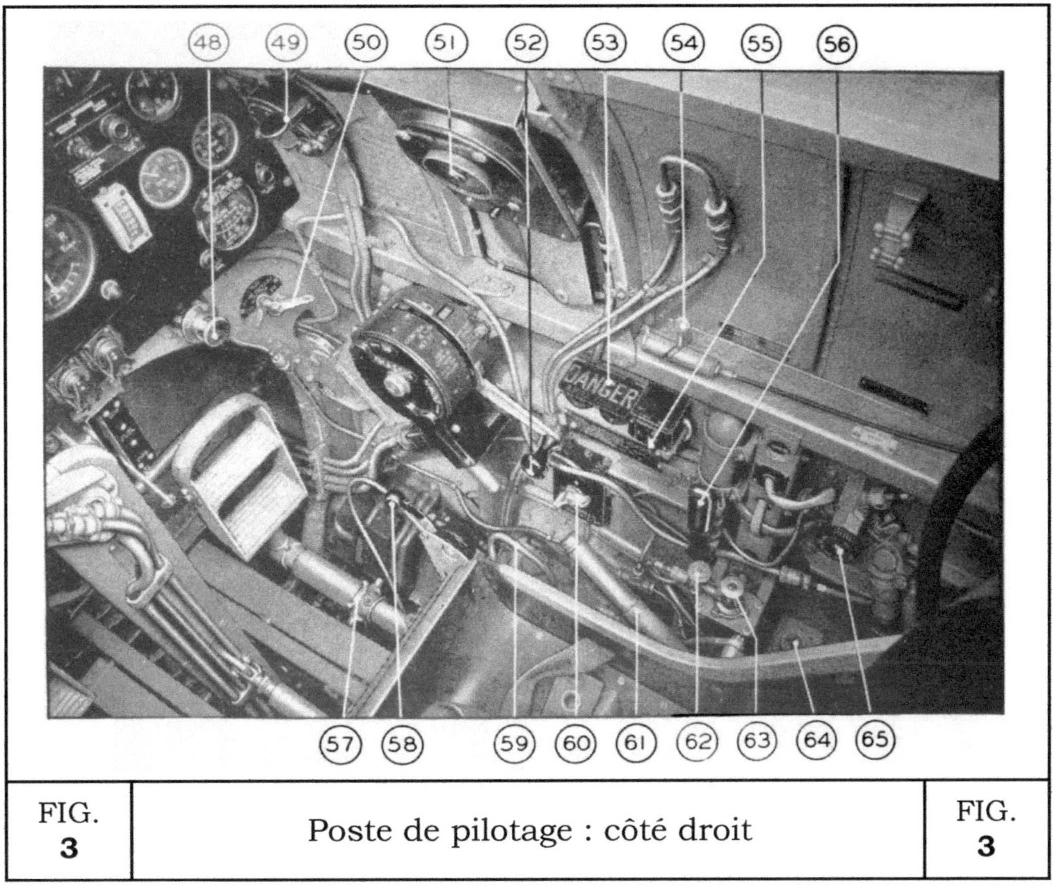

FIG. 3

Poste de pilotage : côté droit

FIG. 3

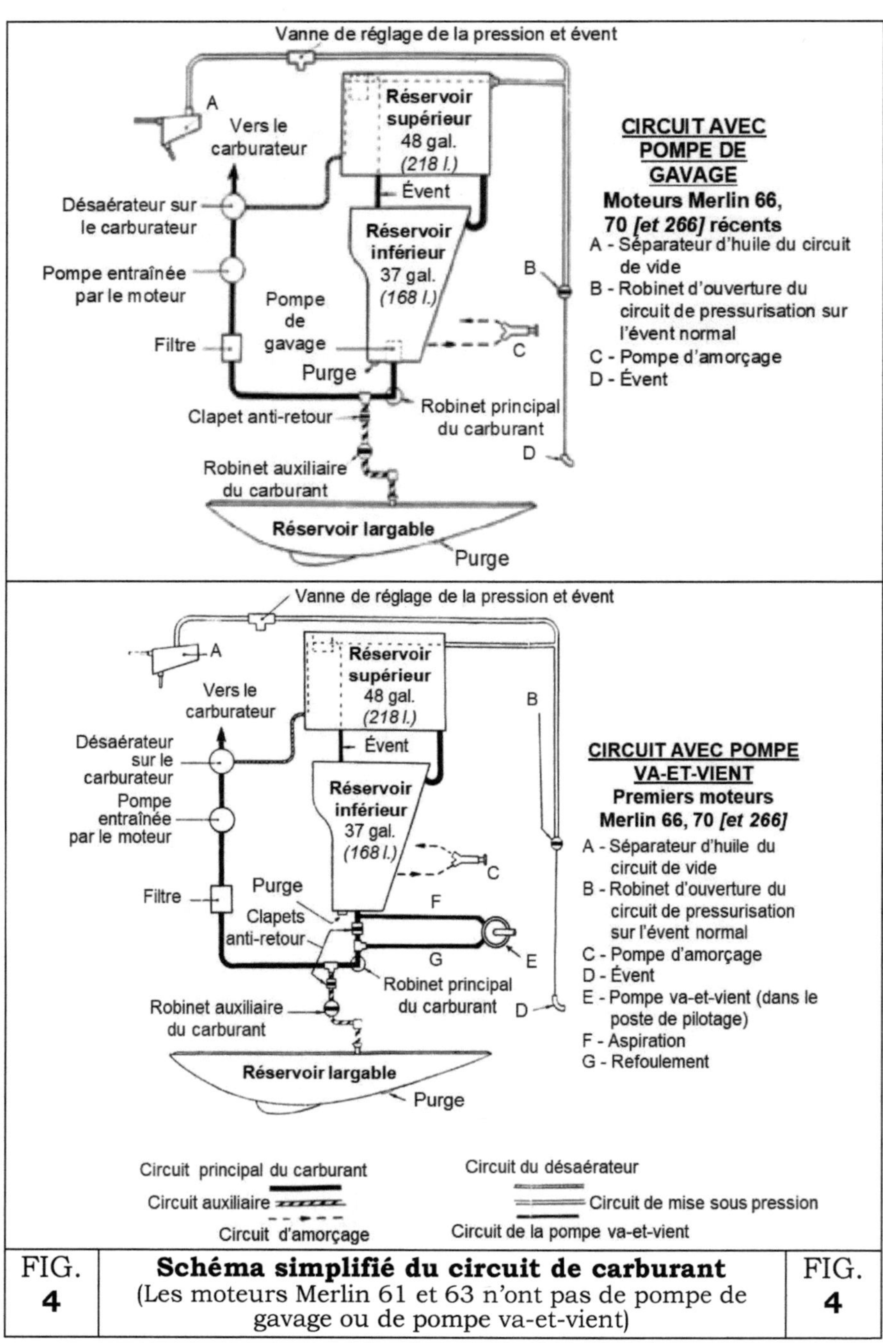

| FIG. 4 | **Schéma simplifié du circuit de carburant** (Les moteurs Merlin 61 et 63 n'ont pas de pompe de gavage ou de pompe va-et-vient) | FIG. 4 |

BIBLIOGRAPHIE SOMMAIRE SUR LE SPITFIRE, LE MOTEUR MERLIN ET LA RECONNAISSANCE PHOTOGRAPHIQUE

Les livres sur le Spitfire et son moteur sont légion et une sélection d'exemples est listée ci-après. Un court commentaire en italique donne quelques impressions de lecture.

BABINGTON SMITH, Constance. **Evidence in camera: The story of photographic intelligence in World War II**. David & Charles. 1974. ISBN 978-07153631331974. *Livre également publié aux USA sous le titre "Air Spy".*

BARKER, Ralph. **Aviator extraordinary: The Sidney Cotton story**. Chatto & Windus. 1969. ISBN 978-0701113346. *Bon livre sur un personnage haut en couleurs.*

BINGHAM, Victor F.. **Merlin power : the growl behind air power in World War 2**. Airlife Publishing. 1998. ISBN 978-1853100680.

CAYGILL, Peter. **Supermarine Spitfire Mks I-V.** Airlife Publishing Ltd, 2002, ISBN 978-1840373912. *Un excellent petit volume sur les premiers Spitfire.*

DARLING, Kev. **Merlin-powered Spitfires**. Warbird Tech N°35, 2002, ISBN 978-1580070577.

DELVE, Ken. **Story of the Spitfire : An operational and combat history**. History Press. 2016. ISBN 978-0750965286.

DOUGLAS, Calum E.. **The secret horsepower race : Western front fighter engine development.** Mortons Media. 2020. ISBN 978-1911658504. *Un impressionnant travail de recherche.*

HARLEY-BAILEY, Alec. **The Merlin in perspective : The combat years**. Rolls-Royce Heritage Trust. 1987. ISBN 978-0951171011.

HENSHAW, Alex. **Sigh for a Merlin : testing the Spitfire**. Crecy Publishing, 1998, ISBN 978-0947554835. *Un livre de pilote d'essai de Spitfire travaillant notamment à l'usine de Castle Bromwich.*

MCKINSTRY, Leo et MURRAY, John. **Spitfire : Portrait of a legend**. Hachette, 2008, ISBN 978-0719568756.

MORGAN, Eric, B. :
- Avec ANDREWS, C. F.. **Supermarine aircraft since 1914**. Putnam Aeronautical, 2003, ISBN 978-0851778006.
- Avec SHACKLADY, Edward. **Spitfire : The history**. Key Books Ltd, 2000, ISBN 978-0946219483. *Énorme est le seul qualificatif qui convient à ce livre très complet, aussi bien par la taille, l'épaisseur et le contenu ! En plus des aspects techniques, l'histoire de chaque appareil produit est sommairement résumée, ce qui est un tour de force lorsque l'on sait que plus de 22.000 Spitfire et Seafire ont été fabriqués.*

PIERQUET, Claude A. **Les Spitfire français**. Ouest-France. 1980. ISBN 2858822433.

PRICE, Alfred (Dr.). **The Spitfire story**. Haynes Publishing, 2010, ISBN 978-1844258192. *Un excellent livre, basé sur une recherche détaillée en archives et qui présente plusieurs rapports d'essais.*

QUILL, Jeffrey. **Spitfire : A test Pilot's story**. Crecy Publishing, 1998, ISBN 978-0947554729. *Livre recueillant les expériences du célèbre pilote d'essai de Supermarine. Quill s'est porté volontaire pour combattre en Escadrille pendant la bataille d'Angleterre, ce qui lui a permis ensuite d'influencer l'évolution du Spitfire. Voir aussi le hors-série n°52 du Fana de l'Aviation, décembre 2023,* **Spitfire : la véritable histoire** *qui est basé sur l'ouvrage de Jeffrey Quill.*

WILSON, Gordon A. A.. **The Merlin : The engine that won the Second World War**. Amberley. 2020. ISBN 978-1398103252.

Spitfire sur l'Europe. Aérojournal hors-série n°7, janvier 2011. ISSN 2103-7922. *Un numéro richement illustré.*

QUELQUES TITRES DE CETTE SÉRIE

Utilisation principale	Avion
Formation	Tiger Moth II ; Harvard III (AT-6)
Chasseur et **chasseur-bombardier**	Spitfire I ; Spitfire F.IX, PR.XI & LFXVI Mosquito FII, NF: XII, XIII, XVII & XIX Havoc II (A-20) ; Typhoon IAB Airacobra I (P-39) ; Meteor III Tomahawk I & II (P-40) ; Vampire F1 Thunderbolt I & II (P-47) ; Beaufigther VI, TFX & TFXI ; Hurricane I et Sea Hurricane I Mohawk IV (P-36) ; Mustang III & IV (P-51)
Bombardement	Lancaster I, III, X ; Halifax II & V Mitchell II (B-25) Fortress GRIIA, GRII & III, BII &III (B-17)
Planeur de combat ou **transport de parachutistes**	Dakota I, III & IV (C-47) ; Hadrian I (CG-4A) ; Hamilcar I ; Horsa I & II
Aéronavale et **surveillance maritime**	Corsair I à IV (F4U, F3A & FG-1) Hellcat I & II (F6F) ; Swordfish I à IV Martlet II & III (F4F Wildcat) ; Avenger I, II & III (TBF & TBM) ; Catalina I, IB, II & IV (PBY) ; Wellington III & X
Missions secrètes	Lysander III & IIIA